Este libro es un obsequio para:

- - - - - - - - - - - -

De parte de:

- - - - - - - - - - - -

Fecha:

- - - - - - - - - - - -

Redacción: P. C. Martin
Revisión: Jessie Richards
Traducción: Gabriel García Valdivieso y Jorge Solá
Ilustraciones: Anne Elisabeth

Título original: *Jesus and Me—My Body, My World*
ISBN 13 de la edición original: 978-3-906835-14-3
ISBN 13 de la versión en español: 978-3-906835-42-6

© Book Barn Publishing, 2015
Derechos reservados. Impreso en China.
www.bookbarnpublishing.com

Jesús y yo

mi cuerpo

mi mundo

Mi cuerpo

Mi mundo

mi
cuerpo

Saludable y feliz

Yo soy el gran Creador. Yo creé tu cuerpo. Me agrada que te esfuerces por cuidar bien de Mi maravillosa creación, ¡el cuerpo que te di!

Para gozar de buena salud y felicidad es importante que no te alejes de Mí. Me encanta participar en todas tus actividades. Con mucho gusto te indicaré lo que puedes hacer para cuidarte y así ser un alegre reflejo de Mí. Siempre puedes pedirme ayuda cuando te haga falta, pues Yo nunca te abandono, y disfruto dándote lo que necesitas.

Ustedes son templo de Dios y el Espíritu de Dios habita en ustedes.

1 Corintios 3:16 (NBLH)

4

Cuatro principios de salud

¡Qué bueno es estar saludable y tener fuerzas y mucha energía!, ¿no te parece? Yo he dispuesto ciertos principios básicos que te ayudarán a conservar la salud y mantenerte en forma. Estos son algunos de los más importantes:

- Consume todos los días alimentos sanos y nutritivos. La comida te da fuerzas y energías.

- Duerme y descansa bastantes horas. El sueño te ayuda a crecer y te mantiene saludable.

- Haz mucho ejercicio, sobre todo al aire libre, a la luz del sol. El ejercicio es beneficioso de múltiples maneras.

- Mantén tu cuerpo limpio. Eso te protege de microbios y enfermedades.

¿Qué puedes hacer para estar saludable? Seguir todos estos consejos.

6

Si entienden estas cosas y las ponen en práctica, serán dichosos.

Juan 13:17 (DHH)

La comida es energía

Todo el mundo necesita comer; tú también. ¿Sabías que cada alimento contiene distintas vitaminas, minerales, proteínas, fibra y otras sustancias nutritivas que le hacen bien a tu cuerpo de diferentes maneras? Los alimentos sanos brindan a tu organismo los nutrientes que necesita para mantenerse sano y vigoroso.

Yo creé muchos alimentos interesantes, de variados sabores, porque quiero que disfrutes comiendo. Me encanta que te guste la comida, pues sé que le hace mucho bien a tu cuerpo. Acuérdate de darme las gracias por la comida, y de dárselas también a quien te la preparó.

Ya sea que coman, que beban, o que hagan cualquier otra cosa, háganlo todo para la gloria de Dios.

1 Corintios 10:31 (NBLH)

8

Fabulosas frutas y verduras

Casi no hay comida más rápida, sabrosa y energizante que una ración de fruta o de alguna hortaliza. Una persona fuerte y sana consume bastante fruta y verdura cada día. ¡Yo inventé una gran variedad! Cerezas y manzanas bien coloradas, jugosas naranjas y peras, deliciosas sandías, exquisitos mangos y chirimoyas, dulces piñas, pequeñas uvas, fresas, moras y frambuesas, melocotones de piel aterciopelada, crocantes zanahorias, verduras de hoja, refrescantes pepinos, calabazas y zapallos de color naranja intenso, simpáticas arvejas, arbolitos de coliflor y brócoli. ¿Se te ocurren otras frutas y verduras?

Procura comer fabulosas frutas y verduras con cada comida, y también de merienda. Son alimentos prodigiosos que Yo creé para que te mantengas en forma y goces de buena salud.

Dios les dijo: «Miren, a ustedes les doy todas las plantas de la tierra que producen semilla, y todos los árboles que dan fruto. Todo eso les servirá de alimento».

Génesis 1:29 (DHH)

10

Duerme y serás fuerte

Es hora de dormir. Tuviste un día muy activo y el sol ya se escondió.

¿Sabías que tu cuerpo, para crecer, necesita dormir? Así se va haciendo más alto y más robusto. Mientras duermes, recupera fuerzas; y cuando despiertas, está listo para vivir un día más. El sueño también te protege de enfermedades y ayuda a tu cuerpo a repararse a sí mismo si hace falta. El sueño te recarga el cerebro, como se recarga una batería.

Además, ¡dormir puede ser una aventura! Mientras el cuerpo duerme, la mente queda libre para soñar y explorar el fantástico mundo de tu imaginación. ¡Buenas noches y dulces sueños!

Cuando te acuestes será dulce tu sueño.

Proverbios 3:24 (NBLH)

12

Sol y aire puro

Respira hondo. Ahora echa el aire despacito. Para que el cuerpo esté limpio y saludable y todo te funcione bien por dentro es necesario que ventiles los pulmones con abundante aire. Tu organismo también necesita la luz del sol, que aporta vitaminas para combatir las enfermedades. Cuando sales a jugar, tu cuerpo absorbe muchas cosas buenas que le dan el sol y el aire fresco. Además, cuando no hace frío se pueden abrir las ventanas para ventilar la casa.

Si quieres sentirte bien y llenarte de energías, respira todo el aire puro que puedas; y siempre que tengas ocasión, sal a divertirte al aire libre.

Suave ciertamente es la luz, y agradable a los ojos ver el sol.

Eclesiastés 11:7 (RVR 1960)

14

Actividad y vigor

Diseñé tu cuerpo para que estuviera activo. El ejercicio te mantiene saludable y en buen estado físico. Cuando el cuerpo se mueve, los músculos se desarrollan, los huesos se fortalecen, el corazón bombea mejor la sangre, los pulmones aspiran más aire y tienes más energías. Jugar al aire libre, en medio de Mi hermosa creación, es excelente para mover y ejercitar el cuerpo. Además lo pasas bien. ¡Puedes divertirte en los columpios y en el tobogán, participar en juegos y deportes, correr, ir de excursión, caminar y explorar, montar en bicicleta, hacer gimnasia o nadar! Hay muchas formas de mover y energizar el cuerpo.

¿Se te ocurren otras actividades que sean un buen ejercicio? ¿Cuáles son tus favoritas?

Mi fortaleza es el Señor.

Éxodo 15:2 (NBLH)

16

Ni sombra de suciedad

Nada mejor que un buen baño para quitarte de encima la suciedad después de un largo día. ¿No te gusta meterte en la camita con el cuerpo limpito? También debes procurar mantenerlo limpio durante el día. Con tantas cosas que haces y tantos objetos que tocas, las manos y la cara a veces se ensucian. Por eso conviene que te las laves con frecuencia, sobre todo antes de comer o beber algo. El aseo personal —como cuando te duchas, o te lavas las manos y la cara durante el día— te protege de los microbios y bacterias que te pueden enfermar.

Glorifiquen a Dios en su cuerpo.

1 Corintios 6:20 (NBLH)

18

Jugar sin hacerse daño

¡Qué fascinante es el mundo y qué cantidad de cosas increíbles hay para ver y hacer! A Mí me gusta que lo disfrutes y lo explores. Sin embargo, a veces te advertirán que tengas cuidado. Es que algunas cosas son peligrosas, sobre todo para los niños. Por ejemplo, subirse a los árboles, escalar enormes rocas o jugar cerca de un barranco.

Diviértete, pero procura reconocer los peligros y apartarte de ellos. Yo velo por ti y hago lo posible para protegerte; pero tú también tienes que acordarte de evitar las actividades y lugares peligrosos. Así la pasarás de maravilla, y no sufrirás accidentes.

Tengan cuidado cómo andan.

Efesios 5:15 (NBLH)

20

Súper pautas de seguridad

- Juega con cuidado: ojo con los sitios peligrosos y con las cosas que te pueden lastimar.

- No corras dentro de la casa ni por las escaleras: puedes estrellarte contra otra persona o tropezar con algo.

- Usa casco y otros implementos de seguridad cuando andes en bici o en patines.

- Ponte zapatos para no hacerte daño en los pies cuando juegues fuera.

- Nunca toques los enchufes ni los cables eléctricos.

- No te acerques a cocinas, estufas u ollas calientes. Te puedes quemar.

- No juegues con remedios ni con productos de limpieza, ni te los lleves a la boca. ¡Te puedes enfermar!

- Apártate de los vidrios rotos y de objetos afilados o puntiagudos. Te puedes cortar.

22

🍓 Nada más entrar en un auto, antes de que se ponga en marcha, abróchate el cinturón de seguridad. Y mientras circule procura no hacer ruido, para no distraer al conductor.

🍓 Antes de cruzar la calle, mira siempre a ambos lados y asegúrate de que no venga ningún auto.

🍓 Antes de meterte en una bañera, una piscina o una laguna, mira que haya un adulto vigilándote.

🍓 Antes de hacerle caricias a un animal que no conoces, pregúntale al dueño si está bien tocarlo.

🍓 Obedece a tus padres, profesores y niñeras cuando te den instrucciones de seguridad.

🍓 Escúchame cuando te hable al corazón. No te alejes de Mí.

Si sigues estas pautas de seguridad, me ayudarás a guardarte de todo peligro.

El Señor protege a los que le son fieles.

Salmo 31:23 (PDT)

24

Súper pautas de seguridad

Cuando no te sientes bien

¡Qué pena! Te enfermaste, y ahora tendrás que quedarte a descansar en cama. Yo sé lo que es eso, pues a veces cuando era chico también me enfermaba. Ten paciencia y piensa en lo feliz que serás cuando te sientas mejor.

Aunque a veces te enfermas, Yo diseñé tu cuerpo para que se curara. Claro que debes ayudarlo a restablecerse: descansa, toma alimentos sanos, toma vitaminas o remedios y ten una actitud positiva.

Mientras te recuperas, si te aburres puedes hablar conmigo. Te haré compañía, y verás cómo te sentirás mejor.

Yo, el Señor, soy tu sanador.

Éxodo 15:26 (NBLH)

26

Paz y silencio

¡Chist! No digas ni pío por unos momentos. Te resulta divertido moverte y andar de un lado a otro, y es muy importante que lo hagas. Pero a veces conviene que te quedes inmóvil y guardes silencio. Es saludable descansar y relajarse.

Te puedes sentar o acostar, recordar cosas que te hacen feliz y pensar en Mí. Si no haces nada de ruido, quizás oigas los sonidos de la naturaleza. El viento, el agua, los pájaros y otros animalitos cantan y hacen ruidos que no oirás a menos que guardes silencio.

Tal vez en esos momentos oigas también en tu corazón Mi voz apacible y delicada, que te dirá cosas maravillosas.

Guarda silencio ante el Señor;
espera con paciencia a que Él te ayude.
Salmo 37:7 (DHH)

28

Ángeles a tu alrededor

Aun cuando haces lo que puedes para cuidar tu cuerpo y tu salud, hay veces en que necesitas más protección contra enfermedades, accidentes o daños. Como Yo me preocupo mucho por tu bienestar, ¿sabes lo que hago? Mando a Mis ángeles que estén a tu lado y te ayuden.

A lo mejor no logras ver, escuchar o sentir a los ángeles que te guardan. Sin embargo, te acompañan en todo momento. Cuando rezas, les concedes más poder para protegerte. A veces te advertirán de peligros o harán otras cosas para ampararte. Agradece que Mis maravillosos ángeles te cuiden.

A Sus ángeles mandará [Dios] acerca de ti,
que te guarden en todos tus caminos.

Salmo 91:11 (RVR 95)

30

Buenos pensamientos, más salud

¿Sabías que si tienes una actitud alegre y agradecida disfrutarás de mejor salud? ¡Es verdad! La gente que agradece todo lo bueno que tiene y que incluso encuentra motivos para estar contenta cuando se enferma o sufre un accidente, con frecuencia se recupera más rápido y goza de mejor salud. Los pensamientos felices, positivos, alegres, agradecidos y amorosos contribuyen a tu buena salud física y mental.

Te propongo una actividad que podemos realizar juntos: dibuja cosas por las que quieres dar gracias. A ver si logramos llenar toda una página. ¡Cuánta felicidad!

Den gracias en todo.

1 Tesalonicenses 5:18 (NBLH)

32

¡Yo hice el mundo!

Te quiero contar cómo creé el universo, el Sol, la Luna, las estrellas, los planetas, el fantástico mundo que te rodea y todas las galaxias que hay en el espacio.

Antes de crear Yo el mundo, solo había vacío y oscuridad. Yo creé la luz. Creé la Tierra y el bonito cielo que la rodea. Formé los océanos, los ríos y los arroyos. Hice aparecer la tierra. La poblé de hermosos árboles, plantas y flores.

Puse luces brillantes en el firmamento. Dispuse que el sol alumbrara durante el día, la luna por la noche, y salpiqué los cielos de titilantes estrellas. Llené los mares de peces y otros seres acuáticos, y eché a volar las aves por los aires.

Creé todo tipo de animales terrestres, unos enormes como los dinosaurios, los elefantes y los hipopótamos, pero también bichitos rastreros, conejitos de piel suave, y cachorritos y mininos juguetones. Creé también personas capaces de caminar, correr, pensar, hablar, bailar y jugar.

Me gustó lo bonita que quedó Mi creación. Quiero que te entretengas explorando el mundo que te rodea, que goces de sus maravillas y que te esfuerces por cuidar de todo lo bello que puse en él.

Dios hizo todas las cosas.

Juan 1:3 (DHH)

38

¡Yo hice el mundo!

Toda clase de animales

¿Has ido a ver los animales que viven en el zoológico? ¿Has leído libros sobre los numerosos seres vivos que Yo formé? En el zoo se suelen ver animales procedentes de muy diversos hábitats. Es fascinante aprender cómo son y cuál es su modo de vida.

Imagínate cómo te sentirías si fueras uno de ellos. ¿No te gustaría columpiarte en los árboles y saltar de rama en rama como los monos? ¿Y te imaginas tener un cuello tan largo como el de una jirafa? ¡Serías tan alto como un árbol!

Yo me lucí creando los animales, y me gusta que la gente los aprecie, los cuide y proteja los ambientes en que viven.

*Dios hizo los animales salvajes, los animales domésticos
y todos los reptiles […]. Vio Dios que esto era bueno.*
Génesis 1:25 (BLPH)

40

Semillas, pimpollos y árboles

Fíjate en la variedad de árboles que hay en tu región. Los hay de muchos tipos, con ramas y hojas de distintas formas y tamaños. Las hojas suelen ser verdes, pero algunos árboles las tienen de otros colores. Hay árboles que dan frutas, y muchos dan flores.

¿Sabías que todos los árboles comienzan siendo una semilla? Así es. Hasta el árbol más alto de todos fue en su momento una semillita. Impresionante, ¿verdad?

Un árbol que acaba de brotar se llama pimpollo. Se necesitan muchos años para que un pimpollo crezca y llegue a ser un árbol bien grande y alto. Los árboles liberan oxígeno en el aire que respiras todos los días. Además, dan sombra a las plantas más pequeñas y a las personas. Son importantes, y tú puedes ayudar a cuidarlos.

Dios, el Señor, hizo brotar del suelo toda clase de árboles hermosos de ver y de frutos apetitosos.

Génesis 2:9 (BLPH)

42

Agua, agua y más agua

El agua tiene muchos usos. La gente la emplea todos los días. Se bebe y sirve para cocinar. Con agua te lavas los dientes, las manos, la cara y todo el cuerpo. Además, es divertido jugar con ella y nadar.

Las personas, los animales y las plantas necesitan agua para estar saludables e incluso para sobrevivir. En algunas partes del mundo hay muy poca agua limpia, y por eso la gente se enferma. Para remediar eso, esfuérzate por no desperdiciarla. Así ayudarás a que haya suficiente para todos.

Desciende de los cielos la lluvia y la nieve,
que riega la tierra y la hace producir.

Isaías 55:10 (RVR 95)

44

El espacio exterior

El firmamento está lleno de luces. Durante el día, el sol brilla tanto que no se ven las estrellas. Pero en noches despejadas, millones de estrellas centellean como si fueran velitas repartidas por el espacio. Si miras detenidamente, quizá veas algún meteoro que atraviesa el cielo.

Las maravillas del espacio exterior se distinguen más claramente con la ayuda de un telescopio. Las estrellas se desplazan en grupos llamados galaxias. ¿Sabías que la Tierra forma parte de una galaxia que se llama la Vía Láctea?

¡El espacio exterior es inmenso! Pero ¿sabes una cosa? Con todo lo grande que es el universo, no alcanza a contenerme. ¡Yo soy todavía más grande!

Los cielos cuentan la gloria de Dios,
y el firmamento anuncia la obra de Sus manos.

Salmo 19:1 (RVR 1960)

46

Hábitats naturales

En el altiplano pastan las alpacas y las llamas, y los cóndores surcan el cielo. Bajo el suelo se arrastran las lombrices, y los topos cavan sus madrigueras. En lo profundo del mar viven los delfines, las ballenas, las tortugas y muchos peces impresionantes. Las suricatas cavan guaridas en el desierto, y las lagartijas habitan en lugares sombreados. Los patos y los cisnes viven junto a ríos, lagos o charcas. A los osos polares les encanta la nieve y el mar helado. Los alces y venados se sienten a gusto en los grandes bosques. Los gorriones y pinzones anidan en las ramas y en los agujeros de los árboles.

Cada animal es diferente, y cada uno de ellos es un representante de tu magnífico planeta. Respeta los hábitats que Yo les proporcioné.

Mío es todo animal del bosque [...]. Conozco a todas las aves de los montes, y Mío es todo lo que en el campo se mueve.

Salmo 50:10,11 (NBLH)

48

Huertas y jardines

Plantar y cultivar una huerta es entretenido, pero también cuesta trabajo, porque las plantas requieren muchos cuidados. Hay que cavar la tierra, sembrar las semillas, regar y proteger las plantitas para que los insectos, los pájaros y los conejos no se las coman. Además es preciso arrancar la maleza y mantener sana la tierra. Más que nada, se necesita paciencia, ya que las plantas tardan en crecer y florecer.

Las huertas producen alimentos frescos y deliciosos. Los jardines son hermosos a la vista. Las abejas transportan el polen de las flores para que otras plantas puedan desarrollarse.

Cultivando se aprende mucho. Cuidar de un jardín o de una huerta puede ser una experiencia maravillosa.

Dijo Dios: «Produzca la tierra vegetación: hierbas que den semilla», y así fue.

Génesis 1:11 (NBLH)

50

Criaturas nocturnas

Cuando el sol ya se ha puesto y te preparas para ir a la cama, si pudieras ver en la oscuridad descubrirías algo muy interesante. Muchos animales que de día descansan en sus escondrijos, en la noche se despiertan y salen a rondar.

Los tejones, zorros, mapaches, búhos y muchos otros están muy activos de noche. Tienen visión nocturna. Buscan su alimento, comen y juegan toda la noche.

El amanecer es la hora de acostarse para todos esos animalitos. Entonces se retiran a dormir en sus nidos y madrigueras. Esos seres nocturnos forman parte de la gran diversidad de animales interesantes que Yo creé. Cada uno de ellos cumple su función particular en el mundo.

La vida de todo ser viviente está en manos de Dios.
Job 12:10 (PDT)

Alimentos para todo un planeta

Existe una gran variedad de comidas. Cada país del mundo tiene las suyas. No importa dónde vivas, la mayoría de los alimentos que comes provienen de granjas en donde se producen.

Los agricultores siembran semillas y atienden los cultivos. Luego, cuando los frutos están maduros, se cosechan, se transportan, se almacenan, se distribuyen y finalmente se emplean para preparar exquisitas comidas.

Cultivar alimentos que alcancen para todos es una labor muy grande y muy importante. Las hortalizas, las frutas, los cereales, la carne, la leche y los huevos se producen en granjas o fincas.

Para crecer y estar sano, tu cuerpo necesita alimentarse. Da gracias por los agricultores y por la comida. Procura no desperdiciarla.

54

[Dios] hace producir el heno para las bestias y la hierba para el servicio del hombre, sacando el pan de la tierra.

Salmo 104:14 (RVR 1960)

El arte de reciclar

Reciclar quiere decir tomar un material usado y transformarlo para volver a utilizarlo. En Mi creación todo se recicla naturalmente. Cuando las plantas mueren, se descomponen, y la tierra las absorbe. En esa tierra abonada crecen nuevas plantas. También se pueden reciclar objetos fabricados por los seres humanos: por ejemplo, puedes aprovechar artículos ya usados, y deshacerte correctamente de la basura. Gente muy ingeniosa ha descubierto métodos para transformar los desechos en cosas útiles.

Cuando depositas la basura en los recipientes indicados y luego se recicla, ayudas a mantener limpio y hermoso el planeta.

Al que cuida bien lo que vale poco,
también se le puede confiar lo que vale mucho.

Lucas 16:10 (TLA)

Misteriosos mares

Los océanos cubren la mayor parte de la superficie de la Tierra. Y no solo se componen de agua: en el fantástico mundo submarino que Yo creé hay plantas y animales maravillosos, y deslumbrantes paisajes. Los mares están poblados de una fauna muy variada. La fauna de cada zona depende de si el agua es cálida o fría, de si es poco o muy honda.

Se puede navegar por los océanos en barco y recorrer las profundidades en submarino. Aunque te pasaras toda la vida explorando los mares, todavía descubrirías en ellos cosas nuevas.

Los mares y sus maravillas son una parte muy valiosa y sorprendente de la naturaleza. Es deber de cada persona no contaminarlos y proteger sus tesoros.

Creó Dios los grandes animales marinos, y todos los seres vivientes que se mueven y pululan en las aguas.

Génesis 1:21 (BLPH)

58

Nidos y alas

Piensa en la cantidad de aves que hay en el mundo. Por ejemplo, el guacamayo, de colorido plumaje; el pingüino, que se balancea al caminar; el ruiseñor, de fuerte silbido; el majestuoso albatros; el hábil martín pescador; el dinámico picaflor. Cada ave tiene alguna cualidad destacada. Unas vuelan; otras no. Algunos pájaros construyen nidos complicados; otros, en cambio, se alojan en agujeros de los árboles.

Yo creé cada ave de forma que se acomodara perfectamente a su hábitat, así sea en las frías regiones polares, en los tórridos desiertos, en las selvas tropicales, en bosques húmedos o en montes escarpados. Cada una tiene lo que necesita. Y así como velo por los pajarillos, prometo que velaré por ti.

Miren las aves: no siembran ni cosechan ni guardan la cosecha en graneros; sin embargo, el Padre de ustedes que está en el Cielo les da de comer.

Mateo 6:26 (DHH)

60

Sol, lluvia y nieve

¿Sabías que el sol siempre brilla? Sin embargo, no siempre lo ves, pues a veces lo tapan las nubes, o está lloviendo o nevando. Tanto el sol como la lluvia son primordiales para que haya vida en la Tierra. El sol da luz, calor y energía. La lluvia hace que crezcan las plantas que te sirven de alimento, y proporciona agua a los seres humanos y a los animales. A veces, cuando hace mucho frío, el agua de las nubes se congela y cae en forma de nieve.

La luz del sol, la lluvia, el viento y hasta la nieve son necesarios para la Tierra y sus habitantes. Yo creé todos esos fenómenos y los hago interactuar entre sí como es debido.

Yo les enviaré la lluvia a su tiempo.

Levítico 26:4 (DHH)

62